Tabla de contenidos

Las gimnastas mujeres hicieron una presentación en los Juegos Olímpicos de 1908, pero no pudieron competir.

En la antigua Grecia, la gente se ejercitaba en lugares llamados gimnasios. Eran lugares donde se fortalecía el cuerpo y la mente. Los primeros Juegos Olímpicos de la era moderna, en 1896, tuvieron **gimnasia artística**. La gimnasia femenina se agregó en 1928.

gimnasia artística una forma de gimnasia donde los competidores realizan rutinas cortas con equipos especiales

LOS INCREIBLES JUEGOS OLÍMPICOS DE VERANO

GIMNASIA

POR MARI BOLTE

CREATIVE EDUCATION · CREATIVE PAPERBACKS

Publicado por Creative Education
y Creative Paperbacks
P.O. Box 227, Mankato, Minnesota 56002
Creative Education y Creative Paperbacks
son marcas editoriales de The Creative Company
www.thecreativecompany.us

Diseño de The Design Lab
Producción de Alison Derry
Dirección de arte de Tom Morgan
Editado de Alissa Thielges
Traducción de TRAVOD, www.travod.com

Fotografías de Alamy (PA Images), Getty (BSR Agency, Central Press,
Gerlach Delissen – Corbis, Jamie Squire, Laurence Griffiths, Patrick Smith,
Picture Alliance, Tim Clayton – Corbis), Shutterstock (Image Source
Collection)

Library of Congress Cataloging-in-Publication Data
Names: Bolte, Mari, author.
Title: Gimnasia / by Mari Bolte.
Description: [Mankato, Minnesota] : [Creative Education and Creative
    Paperbacks], [2024] | Series: Los increíbles Juegos Olímpicos de
    verano | Includes index. | Audience: Ages 6–9 years | Audience:
    Grades 2–3 | Summary: "Celebrate the Summer Olympic Games with
    this elementary-level introduction to the sport of gymnastics and its floor
    and apparatus events. Includes biographical facts about Hmong-American
    artistic gymnast Suni Lee. Translated in North American Spanish"—Provided
    by publisher.
Identifiers: LCCN 2023015552 (print) | LCCN 2023015553 (ebook) |
    ISBN 9781640269309 (library binding) | ISBN 9781682774809
    (paperback) | ISBN 9781640269941 (pdf)
Subjects: LCSH: Gymnastics—Juvenile literature. | Artistic
    gymnastics—Juvenile literature. | Gymnastics for women—Juvenile
    literature. | Summer Olympics—Juvenile literature. | Gymnasts—Juvenile
    literature. | Lee, Sunisa, 2003-—Juvenile literature.
Classification: LCC GV461.3 .B6518 2024 (print) | LCC GV461.3 (ebook) |
    DDC 796.44—dc23/eng/20230411

Impreso en China

Las rutinas son rápidas e intensas; los movimientos se realizan uno tras otro.

Los gimnastas realizan ejercicios se llaman rutinas. Lucen su fuerza, equilibrio y **flexibilidad**. Cada rutina es calificada por jueces. Los movimientos más difíciles valen más puntos. Los errores o caídas restan puntos. Las puntuaciones suelen ser muy parejas. Una décima de punto puede hacer la diferencia.

flexibilidad la capacidad del cuerpo de estirarse y doblarse

La prueba de anillas requiere de una fuerza increíble en la parte superior del cuerpo.

La gimnasia tiene tres formas o disciplinas. Incluyen artística, en trampolín y rítmica. Tanto hombres como mujeres compiten en artística y en trampolín. Pero solo las mujeres compiten en rítmica. Los hombres tienen más eventos artísticos.

Las gimnastas realizan sus rutinas de piso al ritmo de la música. Los hombres no.

El salto de potro se califica igual en las pruebas de hombres y de mujeres.

Las mujeres compiten en cuatro eventos artísticos. Estas son ejercicios de suelo, barras asimétricas, **salto de potro** y barra de equilibrio. Los hombres también compiten en ejercicios de suelo y salto de potro. Los eventos para hombres son caballo con arcos, anillas, barras paralelas y barra fija. Hay eventos en equipo e individuales. Los gimnastas también pueden ganar la **final general individual**.

final general individual evento donde las puntuaciones individuales de un gimnasta se combinan para determinar un ganador

salto de potro un evento donde los gimnastas saltan con las manos desde un trampolín para hacer piruetas

En la gimnasia artística compiten 12 equipos de hombres y 12 equipos de mujeres. Otros 50 hombres y 50 mujeres pueden competir de manera individual. Los gimnastas tienen que pasar primero por rondas de clasificación. Los ganadores de estas rondas pasan a las finales del evento.

Los jueces califican la dificultad de la rutina y qué tan bien ejecutó los movimientos el gimnasta.

La gimnasia rítmica se agregó a los Juegos Olímpicos en 1984. Combina la danza con movimientos artísticos. Hay eventos en equipo e individuales. Las gimnastas usan accesorios como aros, listones, pelotas y bastones. Sus rutinas siguen el ritmo de la música.

En los eventos en equipo, se pueden lanzar y rebotar pelotas como parte de la rutina.

La gimnasia en trampolín se unió a los Juegos Olímpicos en el año 2000. Tanto hombres como mujeres tienen un evento en esta disciplina. Deben demostrar 10 habilidades mientras saltan entre 2 trampolines. A cada habilidad se le da un valor en puntos. También se califica a los gimnastas dependiendo del tiempo que les tome cada habilidad.

Grandes colchonetas reciben a los gimnastas si se caen del trampolín.

Simone Biles compitió en el salto de potro en equipo y en la barra de equilibrio individual en Tokio 2020.

Simone Biles es la gimnasta femenina de EE. UU. más condecorada de todos los tiempos. Ha ganado siete medallas olímpicas. Biles tiene cuatro **movimientos emblemáticos** que llevan su nombre.

movimiento emblemático movimiento dedicado al primer gimnasta en realizarlo con éxito durante una competencia

La tiza evita que las manos se peguen y ayuda a los gimnastas a columpiarse más fácilmente en torno a la barra.

Los gimnastas vuelan por los aires. Hacen volteretas hacia atrás entre las barras. Elevan el cuerpo usando su fuerza increíble en los brazos y el tronco. ¡No te pierdas a estos atletas en los próximos Juegos Olímpicos de Verano!

Los mejores gimnastas hacen que este deporte parezca fácil.

Competidores destacados: Sunisa Lee

Sunisa "Suni" Lee

vive en St. Paul, Minnesota. Compite en gimnasia artística. Sus primeros Juegos Olímpicos fueron los de Tokio 2020. Se llevó a casa la medalla de bronce en barras asimétricas. Su rutina fue la más difícil del mundo. Lee también ganó además la medalla de oro en la final general individual. Lee fue la primera estadounidense de la etnia hmong en representar a Estados Unidos en los Juegos Olímpicos.

Índice